Entdecke die Liebe zur Erde

Wolf Ondruschka

Entdecke die Liebe zur Erde

Schamanische Wege
und Rituale zur Heilung
von Mensch und Erde

Mit Fotos von Willi Schabmair

Wolf Ondruschka
Entdecke die Liebe zur Erde

1. Auflage 2008

© Wolf Ondruschka/Neue Erde GmbH 2008
Alle Rechte vorbehalten.

Titelseite:
Fotos: creativ collection (Federn), Edward Parker (Wald)
Gestaltung: Dragon Design, GB

Satz und Gestaltung:
Dragon Design, GB
Gesetzt aus der Century Old Style
Alle Fotos © Willi Schabmair

Gesamtherstellung: L.E.G.O. S.p.A., Lavis (TN)

Printed in Italy

ISBN 978-3-89060-278-3

Neue Erde GmbH
Cecilienstr. 29 · 66111 Saarbrücken · Deutschland · Planet Erde
www.neue-erde.de

Inhalt

Der Weg der Erde 9
Worum geht es? – Worum geht es wirklich? – Und was hat das alles mit Schamanismus zu tun? – Heilung für einen Fluß – Dein Weg durch das Buch – Der innere Weg – Dinge haben eine Seele – Heilung: Wie kann das gehen? – Trennung macht krank – Wir heilen uns, wenn wir die Erde heilen – Tun ist ein Ausdruck von Sein – Das ökologische Selbst

Frieden mit der Natur: Übungen zum Erdbewußtsein 32
Der Spiegel der Natur – Der schamanische Zugang – Stadtschamanische Ökologie – Ein Weg des Herzens – Zusammenarbeit mit der Natur – Verschmelzen – Was trennt dich?

Schamanische Arbeit: Die Kraft der inneren Welt 51
Ritual und Aktion – Die Erde feiern – Innere und äußere Natur – Erdvertrauen – Earthsong – Ein Erdreinigungsritual – Wenn du es liebst, mußt du es tun – www.erdheilung.int: Ein Aufruf

Der Weg der Erde

>Dein Herz soll im Einklang
mit dem Herzen der Erde schlagen.
Du sollst fühlen,
daß du ein Teil des Ganzen bist,
das dich umgibt.«

Gebet der Cheyenne

Worum geht es?

»Die Erde ist noch zu retten«, titelte die »Süddeutsche Zeitung« am 23. Februar 2007 und bezog sich dabei auf den gerade bekanntgewordenen ersten Teil des Weltklimaberichts der UN. Der Klimawandel und seine möglichen katastrophalen Auswirkungen stehen seit einiger Zeit im Zentrum des öffentlichen Bewußtseins. Verantwortliche in aller Welt scheinen derzeit bereit und im Begriff, die Notbremse zu ziehen, um den Kohlendioxidausstoß, der den globalen Temperaturanstieg verursacht, entscheidend zu verringern. Das macht Hoffnung, auch wenn man sich bisweilen des Eindrucks nicht erwehren kann, daß es eher um die Rettung unseres rohstofffressenden Lebensstils bzw. des Kapitalismus geht als um die Rettung der Erde.

Aber wäre es damit getan, selbst wenn es auf diese Weise gelänge, den schlimmsten Schaden abzuwenden? Wohin fährt der Zug danach weiter? Und wie müßten die Weichen gestellt werden, damit es zu einer wirklichen und dauerhaften Heilung des Verhältnisses von Mensch und Erde kommen kann? Mit anderen Worten: Was müssen wir Menschen der Erde geben, damit beide wieder gesund werden?

11

Die Antwort ist einfach und ebenso ermutigend wie erschreckend: Wir sind alles, was wir haben. Wir sind allerdings auch alles, was wir brauchen, und daher müssen wir von niemandem Übermenschliches fordern. Der Vorschlag, der in diesem Buch gemacht wird, lautet, großzügiger mit unseren lebendigen Fähigkeiten umzugehen, um sichtbare Heilung zu bewirken. Der dazu angebotene schamanische Weg bietet eine Möglichkeit, den Zauber des Lebens wirken zu lassen, um Verbindung zu den heilenden Kräften herzustellen und ihnen Raum zu geben, sich zu entfalten, denn seit jeher gehört zu den ursprünglichsten Aufgaben schamanischer Heilarbeit die Sorge um das Wohlergehen von Mensch und Erde. Vielleicht lautet ein zukünftiger Bericht dann etwa so:

Öko-Märchen

»Heute, im Jahr 2035, sind wir wieder in der Lage, das Wasser aller Flüsse dieser Erde an jeder beliebigen Stelle zu trinken. Die Luft in den Städten ist fast so klar wie auf dem Land. Die früher bekannten sog. ›Öko-Siegel‹ sind überflüssig, weil überall natürlich angebaut wird. Kein Mensch beansprucht mehr, als er wirklich braucht, weshalb alle genug haben. Wo menschlicher Raubbau Wüsten hinterlassen hatte, kehrt jetzt die Vegetation zurück. Als Folge haben Tiere wieder genug Lebensraum, so daß sich ein Gleichgewicht der Populationen von selber entwickeln kann. Ein irdisches Paradies beginnt sich zu entfalten. Was ist passiert? Kaum jemand kann sich noch genau erinnern, was den Ausschlag gab. Aber eines Tages waren die Menschen ihrer Lieblosigkeit der Erde gegenüber einfach überdrüssig. Sie besannen sich auf das Wesentliche und wurden normal. Manche behaupten, diese Wende sei das Ergebnis einer lange im Unsichtbaren wirkenden Arbeit gewesen, was aber die meisten bezweifeln, weil so etwas Selbstver-

12

ständliches wie die Liebe zur Mutter Erde doch keines besonderen Aufwands bedürfe...«

Ein ökologisches Märchen, das man realistischerweise wohl als Utopie einstufen muß. Ich möchte den Leser aber trotzdem bitten, sich für ein paar Augenblicke in dieses Szenario zu versenken. Für alle, die dabei Gefühle in sich wahrnehmen, ganz gleich ob Freude, Liebe, Trauer oder etwas anderes, ist dieses Buch geschrieben. Denn wer mit dem Herzen dabei ist, kann tun, was SchamanInnen seit jeher getan haben: die Liebe der Erde fühlen, das Leben in allen Ebenen erkennen und sich selbst in ihnen. Was man dann wohl nicht mehr ohne weiteres kann, ist, dieser Erde und ihrem Leben Schaden zuzufügen.

Worum geht es wirklich?

Von der Liebe soll in diesem Buch die Rede sein. Von Liebe als der Kraft, die verbindet, von dem Geschenk, das wir alle teilen. Die Kraft, die uns Freude bringt und Lebensenergie. Die Kraft, von der und für die wir leben, die uns Sinn gibt und unsere wirkliche Chance ist. Die Kraft, die heilt, die uns magische Momente schenkt, uns dem Zauber des Lebens öffnet.

Die »Wiederverzauberung des Lebens« ist nichts anderes als die Wiederentdeckung der Verbundenheit allen Lebens, und diese Entdeckung läßt uns gar keine andere Möglichkeit als uns ins Leben zu verlieben. Das ist eigentlich alles. Das ist alles? Ja. Erfahrungsgemäß fallen uns allerdings gerade die einfachen Dinge schwer und wollen erarbeitet werden. So ist dieses Buch als Arbeitshilfe gedacht. Es möchte helfen, persönliches Bewußtsein so auszuweiten, daß die Verbindung der eigenen Seele mit der Seele der Erde und allem Leben auf ihr erfahrbar und gegenseitige Heilung möglich wird.

13

Gehe hinaus, lege die Hände auf die Erde und lausche. Auf deinen Herzschlag. Auf den Herzschlag der Erde. Auf ihren Zusammenklang.

Danke, du hast soeben ein Stück Heilarbeit geleistet, für die Erde und für dich selbst!

Und was hat das alles mit Schamanismus zu tun?

Zunächst: »Ökologischer Schamanismus« ist eigentlich eine Tautologie, ein hölzernes Holz, denn von Natur aus ist Schamanismus ökologisch. Sein Entstehen ist kaum vorstellbar ohne das Verständnis einer tiefen Verbundenheit des Menschen mit der Natur. Alles ist mit allem verbunden, weil alles eine Seele hat. Dies ist kein Glaubenssatz. Frauen und Männer, die den schamanischen Weg gehen, machen diese Erfahrung, die sie keineswegs als »übernatürlich«, sondern im Gegenteil als zutiefst natürlich empfinden. Dieses Buch möchte Leserinnen und Leser nachdrücklich zu schamanischen Erfahrungen einladen und dazu, sie auf ihre Weise aktiv umzusetzen, um der Erde Heilung zu bringen. Denn es kommt tatsächlich auf jeden von uns an.

Als Autor hoffe ich, daß meine Worte Anregung sind, das innere Auge zu öffnen, um den eigenen Weg der Heilung zu entdecken. Wenn dies geschieht, ist es nicht einmal nötig, das ganze Buch zu Ende zu lesen. Nichts, was auf diesen Seiten steht, hätte irgendeinen Wert, wenn es nicht zu praktischem Handeln anregt. Handeln, das uns Kraft gibt, statt sie nur zu verbrauchen, das uns nährt und daher heilt.

Der besondere Beitrag des Schamanismus zum großen Thema der ökologischen Heilung besteht darin, sein Wissen zu nützen, um Richtung zu geben und zu dienen. Welchen Sinn hätte die Renaissance dieser uralten spirituellen Tradition in der heutigen Zeit, wenn sie nicht gebraucht würde? Die Menschheit schickt sich auf beängstigende Weise an, zu lernen, mit der bedrohlichen ökologischen Situation »umzugehen«, aber viele haben auch das berechtigte Gefühl, dies sei zu kurz gedacht und gehe am Kern des Problems vorbei. Gleichzeitig bereitet uns das bedrohliche Szenario Unbehagen, so daß wir den immer drängenderen Fragen so lange wie möglich ausweichen, vermutlich in der unbewußt-kindlichen Hoffnung, irgendwie werde schon alles nicht so schlimm.

Wo wäre ein Ausweg aus diesem Vermeidungsverhalten, das uns immer wieder lähmt, bis uns das nächste Menetekel aufschreckt, um aber oft nicht mehr als kurzfristigen, hektischen Aktionismus zu bewirken? Wie kann es gelingen, die Sorge für unsere Erde wieder zur Herzensangelegenheit zu machen und sie vom Ballast menschenzentrierten Nützlichkeitsdenkens zu befreien? Wie können wir die Sehnsucht nach einer wirklich heilen Welt wecken, damit die Zerstörung aufhört?

Es geht hier nicht darum, den soundsovielten moralischen Appell zu veröffentlichen. Schön klingende Allgemeinplätze, zu denen es sich so leicht wohlwollend nicken und wohlig zurücklehnen läßt, gibt es weiß Gott schon mehr als genug. Und es geht auch nicht darum, »die Welt zu retten«. Alles, was es zunächst »zu tun« gibt, ist, die Liebe zur Erde wiederzuentdecken und zu leben, ganz wie die Liebe zu einem anderen Menschen.

Es ist so einfach. Oder kann sich jemand vorstellen, verliebt und gleichzeitig apathisch, resigniert und destruktiv zu sein?

Gestärkt durch diese Kraft, können wir uns auf einen Weg machen, der schamanisches Bewußtsein öffnet.

Eine wesentliche Aufgabe schamanischer Arbeit ist die des ökologischen Aktivisten, der aufgrund seines Wissens um die spirituelle Essenz in allem imstande ist, Energie zu transformieren, um harmonischen Raum zu schaffen. Alle, die schamanisch arbeiten, sind um ihren Beitrag für ein gesundes Gleichgewicht auf der Erde gebeten.

15

Diese Aufgabe haben Schamanen immer übernommen. Die Hopi im Südwesten der USA bewahren die Tradition des Regenmachens. Der schamanische Regenmacher tanzt, wenn das Land ausgetrocknet ist und Erfrischung braucht. Moderne Schamanen könnten sich dazu aufgerufen fühlen, das Bewußtsein für ein gleichberechtigtes Miteinander allen Lebens zu wecken.

Sie sind in der Tat gefragt, neue Lösungen anzubieten, die aber nicht aus ihren Köpfen kommen, sondern aus der Seele der Erde. Schamanen sind Brückenbauer zwischen der spirituellen und der materiellen Welt, und so werden sie heute gebraucht. Das intellektuelle Verstehen eines solchen Konzepts ist schwierig, während uns die einfühlende zeremonielle Erfahrung den Zugang auf oft verblüffend einfache Weise erlaubt.

Setze dich hin, schließe deine Augen, entspanne dich und werde dir deiner selbst bewußt. Sprich im Stillen eine Einladung an die Schamanen und Heiler aus, die vor dir gelebt haben. Bitte um ihre Unterstützung, ihre Führung, ihren Schutz für deinen schamanischen Weg der Erdeilung. Danke ihnen dafür. Sieh dich dann diesen Weg gehen durch die verschiedenen Bereiche deines Lebens, zu Situationen und Menschen, die dir erlauben, deinen ökologisch-schamanischen Geist auszudrücken, zum Wohl der Erde und des ganzen Lebens.

Ich wünsche allen Leserinnen und Lesern viel Freude und Energie bei der Arbeit mit dem Buch, damit ein Funke aus dem großen schamanischen Feuer in die Herzen springt und Leidenschaft entfachen kann. Denn über eines sollte sich niemand täuschen: Was wir in dieser Hinsicht tun, zählt. Und was wir nicht tun, fehlt. Die folgende Geschichte möge dies belegen.

Heilung für einen Fluß

In meinem Buch »Geh den Weg des Schamanen« berichtete ich über das Medizinrad, das wir im Frühjahr 2001 am Ufer der verseuchten Isar legten mit der Bitte um Heilung und Reinigung für den Fluß. Genau 40 Tage danach war es zu einem Beschluß der politisch Verantwortlichen gekommen, die Isar innerhalb von vier Jahren wieder zu einem »quellfrischen, klaren Gebirgsfluß« zu machen. In der nord-amerikanisch-indianischen Tradition gilt die »Vier« als heilige Zahl: die vier Himmelsrichtungen, die vier Elemente, die vier Jahreszeiten, die vier Menschenalter u. v. a. bilden den Rahmen des Lebens und der Welt und sind im Medizinrad sinnbildlich abgebildet. Die vier Jahre sind um, der Beschluß wurde umgesetzt. Man kann jetzt wieder unbesorgt baden, ohne gleich ins Krankenhaus zu müssen, wenn man mal Wasser schluckt. In der Woche zwischen Frühlingsanfang und Ostern 2005 jährte sich der Tag der Medizinradzeremonie zum vierten Mal. In genau dieser Woche riß die Isar mit ihrem Frühjahrshochwasser das komplette Uferstück und alle Steine des Medizinrades mit sich...

18

Dein Weg durch das Buch

Im Buch gibt es Handlungsvorschläge und -anleitungen, deren Wirkungen sich aber kaum beschreiben lassen, denn nur du wirst das eigentliche Verständnis haben für das, was du erfährst. Das Herz der Erde wirst du im Rhythmus deines Herzens wahrnehmen. Der Baum, der Stein, mit dem du sprichst, berührt deine Seele, um sich dir gegenüber auszudrücken. Alles, was du zu tun hast, ist, offen zu sein. Alles, was ich tun kann, ist, dein Verständnis für deinen öko-schamanischen Weg zu wecken. Nach meiner Erfahrung sind dazu Behutsamkeit wie auch Zielstrebigkeit nötig, und beides hoffe ich im folgenden Kapitel vermitteln zu können.

Der innere Weg

> »Frieden wird in die Herzen der Menschen kommen,
> wenn sie ihre Einheit mit dem Universum erkennen.«
>
> *Black Elk*

Wie bereits gehört, liegt dem Schamanismus das Verständnis zugrunde, daß alles beseelt und daher verbunden ist. Damit spricht er eine Empfindung an, die grundsätzlich in uns vorhanden zu sein scheint. Warum sonst fällt es so vielen Menschen so verblüffend leicht, schamanische Grundtechniken zu erlernen? Wie sonst ist es möglich, daß auch Neulinge die schamanische Welt als so merkwürdig vertraut empfinden? Den Zugang zu diesem Grundgefühl müssen die meisten von uns allerdings erst wiederfinden. »Das Ganze der Natur ist in mir, und ein bißchen von mir ist im Ganzen der Natur«, sagt der Lakota-Medizinmann Lame Deer. Genau aus diesem Bewußtsein heraus war und ist es Schamanen möglich, mit Steinen, Pflanzen und Tieren zu sprechen. Und aus genau dem gleichen Grund ist es auch uns möglich, denn die schamanische Wirklichkeit ist überall, und schamanisches Bewußtsein ist in jedem von uns.

Dinge haben eine Seele

»Wär' nicht das Auge sonnenhaft,
die Sonne könnt es nie erblicken.«

Goethe

Nicht alle Dichter sind Schamanen, nicht alle Schamanen Dichter, aber manchmal scheinen sie etwas gemeinsam zu haben. Was Goethe sagt, sagt mit anderen Worten auch Lame Deer: Wir sind mit allem verbunden. Die Welt sähe anders aus, wenn uns das auch klar wäre. Mit unserem Verstand sehen wir die Natur, die Welt als neutrale »Gegenstände«. Eine solche Betrachtung analysiert und zerlegt das Leben in kleine Stücke und beurteilt diese nach Nutzen, Kauf- und Verkaufswert. Das Eigentliche, die Essenz der Dinge, geht in dieser Sichtweise unter.

Der Schritt von hier zu Ausbeutung und Zerstörung »im Namen der Zivilisation« ist nicht mehr groß. Schamanisches Bewußtsein versteht Natur und Welt umfassender, als belebt und persönlich, tritt mit ihnen in Beziehung und respektiert sie als etwas mit Herz und Seele, mit dem man kommunizieren kann. Und dies betrifft natürlich auch die Dinge des täglichen Gebrauchs, die ja alle letztlich aus der Natur kommen. Was ein Wissenschaftler als »subjektives Denken« ablehnen mag, kann z. B. für einen Musiker völlig selbstverständlich sein: Wie er selbst hat auch sein Instrument eine Seele, und aus dem Zusammenspiel beider entsteht ihre Musik. Wenn wir streikende Autos oder Computer verfluchen, wen beschimpfen wir denn da? Wohl kaum die Schrauben und Bauteile.

21

Wenn wir also auf irgendeiner Ebene zu der Feststellung kommen, daß Dinge eine Seele haben können, warum sollten dann nicht die Erde, die Pflanzen, die Tiere Seelen haben? Und wenn wir erlauben, daß unsere Seelen sich begegnen, mit anderen Worten, wenn wir eine liebe- und respektvolle Beziehung zulassen, kann dann noch Raum für Zerstörung sein? Und ermöglicht uns eine seelische Beziehung nicht erst das ganze Spektrum gegenseitigen Verstehens? Lerne ich einen Menschen besser kennen, wenn ich ihn analysiere oder wenn ich ihm liebevoll begegne? Wären Goethes und Lame Deers Einsichten möglich gewesen ohne eine innere, seelische Annäherung an die Welt?

Die moderne Physik, die die rein analytische Sichtweise längst hinter sich lassen mußte, stellt fest, daß das Universum ein verwobenes Ganzes ist, in dem eine höhere Ebene der Wirklichkeit für Verbundenheit sorgt. Der schamanische Geist, gleich ob er in der Spiritualität heutiger indigener Völker weltweit oder z. B. im alten keltisch-druidischen Wissen zum Ausdruck kommt, unterstützt diese Feststellung aus seiner Erfahrung. Dazu ein besonders eindrucksvolles Beispiel der eingangs erwähnten Verwandtschaft von Schamanismus und Poesie. In einem Gedicht des walisischen Barden Taliesin aus dem 6. Jahrhundert heißt es:

»Bin schon in vielen Gestalten erschienen,
War ein Adler,
Ein Lachs,
Ein Tropfen im Meer,
War die Meeresströmung
Und das Schiff auf dem Meer,
War ein Schwert in der Hand eines Kämpfers
Und das neun Jahre lang.
War ein Wort in einem Buch,
Das Licht einer Lampe,
Eine Brücke über den Fluß,
Ein Scheit im Feuer.
Bin in der Tat ein geheimnisvolles Ding.«

Möge die lebendige Seele der Welt ihr Geheimnis bewahren und uns damit helfen, uns unserem eigenen Geheimnis zu nähern. Man muß nicht alles verstehen, um zu wissen, daß es existiert.

Heilen – wie kann das gehen?

Da »heilen« ein so großes Wort ist, mag es eine gute Idee sein, zunächst mit kleinen Schritten zu beginnen. Zunächst einmal soll es genügen, lediglich Kontakt aufzunehmen mit einem anderen Lebewesen. (»Lediglich«?) Ein hervorragendes Instrument, das uns allen dafür zur Verfügung steht, ist der 6. Sinn. Wie können wir den aktivieren? – Indem wir unsere fünf Sinne schärfen.

Am besten im Freien läßt sich folgende Erfahrung machen: Suche dir einen Platz in der Natur, der dich in irgendeiner Weise anzieht. Lege die Hände auf die Erde. Schließe die Augen. Konzentriere dich jetzt ausschließlich auf eine Sinneswahrnehmung, z. B. den Tastsinn: Für ungefähr eine Minute fühle deine Umgebung mit den Händen, den Boden unter deinen Füßen, die Luft, die dein Gesicht berührt...

Dann gehe über auf einen anderen Sinn, indem du z. B. nur auf die Geräusche deiner Umgebung hörst. Fahre auf diese Weise fort, wobei du erst zum Schluß die Augen öffnest und siehst. Wenn du jetzt den Wunsch verspürst, mit einem Wesen deiner Mitwelt in Kontakt zu treten, dann spüre nach, ob sich in dir möglicherweise etwas geöffnet hat, das dir eine erweiterte Form der Wahrnehmung gestattet. Vielleicht erzählen dir dann der Baum oder der Spatz auf seinem Ast oder der Löwenzahn gleich neben dir eine kleine Geschichte. Oder sie möchten eine von dir hören...

Eigene Notizen zur vorstehenden Übung

Falls du dich auf diese Erfahrung wirklich einlassen konntest, würde es mich wundern, wenn du nicht in irgendeiner Weise berührt wärest oder keine Gefühle auftauchten. Geschieht dies, heißt das nichts anderes, als daß du Verbindung hergestellt hast. Nur wenn wir die Dinge fühlen, gehen wir in eine echte Verbindung, kommen wir in lebendigen Kontakt. Anders gesagt: Vor allem fühlend nehmen wir Lebensenergie wahr.

Dieser Energie dürfen wir rückhaltlos vertrauen, wir können mit ihr fließen, uns in ihr finden, mit ihr arbeiten. Fast überflüssig zu erwähnen, daß genau das heilsam ist. Gedanken alleine sind leer und schwach, sie müssen lebendig sein, mit Lebensenergie gefüllt werden. Wem es schwerfällt, mit seinen Gefühlen in Kontakt zu treten, kann aber seine Gedanken als Brücke benutzen:

Lege deine Hände aufs Herz, fühle deinen Herzschlag. Denke jetzt an das Herz der Erde – stelle es dir bildlich vor. Gedanklich aktiviere jetzt deine Sinne und höre, fühle, sieh ihr Herz schlagen. Wenn alle Sinne mit der Welt verbunden sind, kann Lebensenergie, also heilende Kraft fließen. Tiefe Verbindung heilt.

26

Eigene Notizen zur vorstehenden Übung

So wie ein Mensch, besonders wenn er krank ist, Zuwendung als wohltuend empfindet, so offen ist die Erde für das, was aus unserem Herzen zu ihr kommt. Was wir immer geben können, ist Liebe. (Übrigens spricht die Schulmedizin, die langsam die Wichtigkeit einer persönlicheren und menschlicheren Betreuung wiederzuentdecken beginnt, mittlerweile von »Beziehungsmedizin«.) Einer der Schlüssel für die Heilung von Mensch und Erde ist der Raum unserer Seele, wo wir heilende Veränderung einladen und erlauben können. Bitte erfülle diese Worte mit Leben!

Trennung macht krank

Alles ist beseelt und verbunden. Dazu gibt es eine gute und eine schlechte Nachricht. Die schlechte: Wir können diese Verbindung stören. Dann erzeugen wir Krankheit, in uns und in der Welt. Die gute Nachricht: Wir können sie nicht zerstören. Unsere tief verwurzelte Sehnsucht nach Einssein mit dem Leben hält die Tür immer offen, damit wir nach Hause finden.

»Ein menschliches Wesen ist Teil eines Ganzen, welches wir das Universum nennen... Doch es erfährt sich selbst, seine Gedanken und Gefühle, als etwas vom Rest Getrenntes – in einer Art optischer Täuschung des Bewußtseins... Unser Ziel muß es sein, uns zu befreien, indem wir den Horizont unseres Verstehens und unseres Mitempfindens dahingehend ausweiten, daß er alle Lebewesen und die Gesamtheit der Natur in ihrer Schönheit umfaßt.«

Es war Albert Einstein, der dies sagte, aber die Worte könnten ähnlich auch von einem Schamanen stammen. Sie bezeichnen das Gefühl des Getrenntseins als das, was es ist, als Täuschung. Nichtsdestoweniger kann dieses illusionäre Gefühl so stark werden, daß es uns tatsächlich krank macht. Es sind die vielen erkrankten, zerstörten Seelen, die Zerstörung in die Welt bringen.

28

Aus der Rede des Häuptlings Seattle: »Die Erde ist unsere Mutter. Was die Erde befällt, befällt auch die Söhne der Erde... Denn das wissen wir, die Erde gehört nicht den Menschen, der Mensch gehört zur Erde – das wissen wir. Alles ist miteinander verbunden, wie das Blut, das eine Familie vereint... Der Mensch schuf nicht das Gewebe des Lebens, er ist darin nur eine Faser. Was immer ihr dem Gewebe antut, das tut ihr euch selber an.«

Seattle beschreibt, was geschieht, wenn wir die Verbindung mit dem Leben mißachten, wenn wir nicht hören, wie die Erde zu uns spricht. Daher liegt die Chance für die Heilung von Mensch und Erde in der Wiederherstellung des Bewußtseins der seelischen Vernetzung dieser Welt. Über ein solches schamanisches »world wide web« könnte sich bedingungslose Liebe zunächst im Stillen entfalten, um so möglicherweise einmal zur bestimmenden Kraft einer »besseren Globalisierung« werden zu können.

Statt Trennendes zu betonen, arbeitet der Schamanismus daran, Harmonie herzustellen, indem er die Erfahrung des Einsseins mit allen Lebensformen hervorhebt. Aus dem Einssein gewinnen wir Kraft, erfahren wir Heilung. Trennung führt zu Angst und Krankheit. Getrenntsein heißt, vom Kern unseres Daseins getrennt zu sein, vom Wesentlichen – eben von unserem Wesen. Psychologisch gesehen, grenzen wir uns von unserem Wesenskern ab, um von unserer – menschlichen – Umwelt akzeptiert zu werden. So entsteht aus der Distanz zu uns selbst die Illusion der Trennung von der Welt.

Die schamanische Sichtweise beschreibt diesen Sachverhalt so: Eben weil alles beseelt und alles Seelische verbunden ist, erleben wir uns auch getrennt von Gott und der Welt, wenn wir unser Bewußtsein von unserer Seele trennen. Und wie oft geschieht das! Wie oft leugnen wir unser wahres Wesen im Alltag, um z. B. einem Konflikt auszuweichen? Wie oft lassen wir uns selbst im Stich und wundern uns, wenn wir uns unwohl

29

fühlen! Der tägliche kleine Seelenverlust ist tatsächlich Alltagsrealität in einer Welt voller Herausforderungen.

Machen wir uns diese nicht immer vermeidbare Tatsache bewußt, sind wir aufmerksam für uns selbst, dann können wir immer wieder zu uns zurückkommen und die Wunden heilen. Im Grunde sind wir, die »Krone der Schöpfung«, eher schwächliche Wesen, die für ihren Kummer nur zu gern ihre Mitwelt verantwortlich und ihr dafür das Leben schwer machen. Das Ergebnis solchen Verhaltens bietet keine Lösung, sondern setzt nur Teufelskreise aus Beschuldigung und Schuldgefühl in Gang.

Die folgende meditative Übung soll helfen, mehr dazu zu erfahren.

Lies dir zunächst den Text durch und vollziehe die Übung dann in deinem Rhythmus: Schließ deine Augen und bring deine Aufmerksamkeit zu dir, nimm deinen Körper wahr, wie er jetzt gerade ist: Gefühle, Emotionen, deine Gedanken, alles, ohne zu beurteilen. Wie atmest du?

Nun geh in deiner Vorstellung tiefer in dich selbst. Ziehe dich innerlich zurück, mehr und mehr, bis du dich schließlich völlig in dir selbst zusammenkauerst. Erlebe dich als völlig isoliert von allem anderen. Wie atmest du jetzt? Welche Gefühle entstehen dabei?

Bleibe ein paar Momente bei dieser Erfahrung. Dann, ganz langsam, bring deine Aufmerksamkeit nach außen. Dehne dein Bewußtsein im Rhythmus deines Atems aus: auf deinen ganzen Körper, auf deine unmittelbare Umgebung, den Raum, das Haus, in dem du bist, wenn du willst, auf das Stadtviertel – die Stadt, die Region, das Land, den Erdteil, die Erde, den Weltraum, das Universum... Was empfindest du dabei? Wie geht dein Atem?

Komm langsam zu dir zurück, nimm ein paar tiefe Atemzüge, strecke dich und öffne die Augen. Könntest du nach dieser Erfahrung Einstein zustimmen, daß wir unsere Befreiung, unsere Heilung in der Ausweitung unserer seelischen Energie finden?

Eigene Notizen zur vorstehenden Übung

»Wenn du dich schlecht fühlen willst,
denk an dich selbst.
Wenn du dich gut fühlen willst,
denk an andere.«

Sakyong Mipham Rinpoche
zu den Redakteuren eines Jugendmagazins

Ein uraltes Heilungszeremoniell der Navajo beachtet die Wichtigkeit dieser Zusammenhänge. Krankheit wird als Disharmonie verstanden, als Trennung von der Schönheit der Schöpfung. Die schamanischen Heiler verwenden neun volle Tage darauf, die Beziehung des Patienten zu dieser Schönheit wiederherzustellen. Weil dies als so wesentlich erachtet wird, ist der Aufwand immens: Eigens wird ein traditionelles Rundhaus errichtet sowie eine Küche für die Heiler, deren Helfer und Teilnehmer der Zeremonie. Ein Tanzplatz wird vorbereitet, und jeder Tag ist gefüllt mit Heilgesang, Opfern, Rauchreinigungen, Schwitzhüttenzeremonien und vor allem der Herstellung höchst kunstvoller Sandbilder, die die Welt darstellen und dem Patienten helfen sollen, dorthin zurückzufinden.

Ein so behandelter Mensch ist nicht nur umfassend an Körper, Geist, Herz und Seele geheilt, sondern wohl auch weniger anfällig für eine selbstbezogene, auf den eigenen Vorteil zielende Lebenshaltung. Wir heilen uns, wenn wir die Erde heilen. Von der Heilsamkeit des Heilens für den Heiler soll die Rede sein und nicht ganz zufällig mit einem aus der Therapie entlehnten Satz beginnen: Der beste Weg, die Erde zu heilen, ist, uns selbst zu heilen.

Aber um uns selbst zu heilen, ist es nötig, die Erde zu heilen. Darum ist es möglich und sogar unabdingbar, beides zugleich zu tun. Beide Aspekte sind Teile eines Komplexes, und dies zu verstehen ist wichtig, denn unglücklicherweise werden sie oft als getrennt wahrgenommen: meine persönlichen Annehmlichkeiten oder Aufopferung im Dienst an der Welt, Lebensfreude oder Märtyrertum. Die Grundlage dieser Vorstellung ist wieder die Trennungsillusion.

Dabei ist es nur ein kleiner (aber feiner) Schritt aus der Denkfalle: Es ist heilsam für uns, die Erde zu heilen, denn in dem Augenblick, wenn wir es tun, überwinden wir die Trennung, die große Krankmacherin. Der gleichen einseitigen Anschauung unterliegen leider nicht wenige spirituell orientierte Menschen, wenn sie sagen:»Ich muß bei mir selbst anfangen, bevor ich andere, gar die Erde heilen kann. Außerdem tue ich ja meiner Umwelt auch etwas Gutes, wenn ich mich selbst heile.« Natürlich sind solche Sätze nicht ganz falsch, aber wieder einmal sehr einseitig menschenzentriert und für nicht wenige die ewige Ausrede, nie damit aufzuhören, bei »sich selbst anzufangen«. Vor allem erweist sich die vermeintlich so erreichte Bequemlichkeit als Falle, weil sie uns auf uns selbst einengt, unsere Sehnsucht nach Wachstum beschränkt und uns nur überflüssige Kreisläufe um den eigenen Nabel beschert.

Wie gut wächst ein Baum unter der Käseglocke? Letztlich werden persönliches Wachstum und Heilung erst möglich durch die Herausforderungen dieser Welt, und was wäre herausfordernder als ihr derzeitiger Zustand?

Überheblichkeit ist fehl am Platz: Statt die »Natur schützen« zu wollen, was sie selbst am besten kann, und mich so schon wieder innerlich von ihr abzusondern, kann ich einfach einverstanden sein, zu sein, was ich ohnehin bin, nämlich ein Teil von ihr.

»Wenn du dich in anderen siehst, wem kannst du dann Böses tun«, fragt der Buddha. Und Thich Nhat Hanh fordert, daß »wir heute den Schrei der Erde in uns hören müssen«. Das mag nach Leid und Tränen klingen, aber die holen wir uns vor allem ins Leben, wenn wir die Wahrheit ignorieren.

Erdheilung heißt, fühlend wahrzunehmen/als wahr anzunehmen, was ist, also auch Leid. Wir müssen den Dingen erlauben, so zu sein, wie sie sind. Die Weigerung, sie zu akzeptieren,

34

ihnen Widerstand entgegenzubringen, weil wir den Schmerz nicht glauben ertragen zu können, das macht uns erst zu einem Opfer des Leides und lähmt unsere Fähigkeit zur Heilung. Aber Heiler werden gebraucht.

Alan Watson Featherstone, langjähriges Mitglied der spirituellen Findhorn-Gemeinschaft in Schottland, hörte, was die Erde ihm sagte: Die vermeintlich so romantischen heidebewachsenen »Highlands« seiner Heimat sind in Wirklichkeit nasse Wüsten. Ehemals dicht bewaldet, wurden sie für den Bau von Englands Flotte und später als Brennmaterial für Zivil- und Kriegsindustrie kahlgerodet. Alan hörte »das Land schreien«, und es schrie danach, seinen natürlichen Zustand wiederherzustellen. Er begann, im Hochland Kiefern zu pflanzen, zuerst alleine, dann mit immer mehr Helfern. Später gründete er die Organisation »Trees for Life« (»Bäume für das Leben«), die zu einer bedeutenden Bewegung für die Wiederherstellung der schottischen Wälder anwuchs.

Woher bezieht ein Mensch die Kraft für ein so großes Projekt? Sicher nicht aus sich allein, sonst wäre er schnell erschöpft. Alan Watson ist ein Mensch, der tief mit sich selbst und der Erde seiner Heimat verbunden ist. Die Energie des Landes fließt durch ihn, berührt seine Seele, so daß er weiß, was er zu tun hat. Tun ist eine Form des Seins, und von entscheidender Bedeutung ist, daß wir uns zu unserem eigenen, echten Beitrag für das Leben führen lassen, der uns beflügelt und bestärkt, wenn wir ihn leisten.

Ganz im Gegensatz dazu stehen die vielen gutgemeinten, aber oft nicht dem wahren Wesen ihrer Protagonisten entsprechenden Projekte. Allzu oft lassen sie idealistische Menschen seelisch entkräftet und enttäuscht zurück, und so ist die große Zahl gescheiterter Vorhaben eigentlich nicht überraschend.

Wenn unser Tun ein Ausdruck unseres Seins ist, leisten wir einen echten Dienst. Dabei muß es keineswegs immer spektakulär und großartig zugehen. Vor einigen Jahren nahm ich an einer großen Zeremonie teil, bei der über hundert Menschen einer nach dem anderen in einen Kreis traten und sich laut und vor Zeugen zu ihrem Beitrag zur Heilung der Erde verpflichten konnten.

Viele beeindruckende Absichten wurden bekundet, aber erinnern kann ich mich nur noch an die Worte einer jungen Frau: »Ich verpflichte mich, jeden Morgen die Sonne zu begrüßen.« Es war vor allem die Art, wie sie es sagte, die unter die Haut ging. Man konnte spüren, daß es wirklich aus ihrer Seele kam. Ich wette, die Sonne freut sich seither noch mehr, morgens aufzugehen... Zu welcher Art von Heilung für Mensch und Erde möchte meine Seele einen eigenen kreativen und freudigen Beitrag leisten? Persönliche und planetarische Heilung ist der sichtbare Ausdruck einer Öffnung der menschlichen Seele für die Welt. Wenn das geschieht, wird die Mitwelt beeinflußt.

Das ökologische Selbst

Die Qualität ökologischen Handelns wird oft mit einem Verständnis von Selbstlosigkeit in Verbindung gebracht, als müßten wir uns selbst in den Hintergrund stellen, müßten uns opfern für die gute Sache. Kaum ein Wunder, daß sich oft nur Minderheiten motiviert fühlen, nachhaltig aktiv zu sein.

Ein Mißverständnis liegt dabei in der Gleichsetzung vom Ego, das »überwunden« werden soll, und der menschlichen Natur, dem natürlichen Menschsein. Wenn unser seelisches Wachstum nicht gebremst wird, können wir eigentlich kaum anders, als die persönliche Reife in die gesellschaftliche zu entwickeln, um schließlich die spirituelle Verbindung mit der uns umgebenden Natur einzugehen. – Eigentlich.

Aber dieser Schritt wird nicht selten ignoriert in der Annahme, die geistig-übersinnliche Stufe sei das höchste zu erreichende Ziel. Von Anfang bis Ende sind wir Teil der Natur –

was liegt näher, als unser Leben der immer innigeren Verbindung zu ihr zu widmen, so daß wir in einen größeren Aspekt unserer selbst wachsen können.

Aus dieser Sicht bedeutet Selbstlosigkeit eigentlich ein größeres Selbst, und selbstloses Handeln ist ein höherentwickelter Ausdruck von diesem größeren Selbst. Ist ein besserer Weg denkbar, um Freude und Lebenssinn in ihrer ganzen Fülle zu erfahren?

Das einzigartige Potential jedes Menschen erfüllt sich, wenn er mit der größeren Wirklichkeit in Kontakt tritt, deren Teil er ist. Weg und Ziel sind dabei eins, und das ist die Liebe. Es gäbe also eigentlich gar nicht so viel zu tun, denn der Kontakt allein schon ist »Liebe in Aktion«, und Liebe ist die Heilung, die wir suchen.

Hier entlang führt auch der schamanische Weg, dessen Methoden uns helfen, den heilenden Verbindungskanal zu öffnen, zurück zur Schönheit des Lebens, zu einem harmonischen Verhältnis zur Erde, zu einer authentischen Ökologie. Heilen heißt, den Menschen zu helfen, sich zu finden und damit die natürlichen Rhythmen des Lebens zu unterstützen. Wir können dann zwar immer noch nicht wissen, was geschehen wird, aber wir können die Magie der Erde und den Zauber des Lebens in uns spüren und ihnen damit den Raum geben, in dem auch Wunder möglich sind. Denn »Liebe ist ein Wunderwirker«, wie Dorothy MacLean, die Mitbegründerin von Findhorn sagt, weil sie es selbst eindrucksvoll erfuhr.

Schamanische Erd- und Selbstheilung besteht darin, unharmonische Verhältnisse in und um uns wieder ins Gleichgewicht zu bringen und zwar zuvorderst auf der inneren, der seelischen Ebene, weil die schamanische Sicht nicht trennt zwischen Innen und Außen. Erst der Zugang zur Essenz, zur Seele eröffnet den Weg zur Transformation ihrer Energie.

So können Schamanen mit Tieren, Pflanzen, Steinen und allen Wesen der Schöpfung kommunizieren, und das erlaubt ihnen, in Harmonie mit ihnen zu leben. Diese schamanische Fähigkeit lebt in uns allen. Wir alle sind in der Lage, in tiefen Kontakt mit den Mitbewohnern unseres Heimatplaneten und mit der Erde selbst zu gehen. Wir sind alles, was wir bekommen haben und alles, was wir brauchen, um unser Problem zu lösen. Dies sind keine Glaubenssätze. Um sie zu überprüfen und zu erfahren, brauchen wir nur die Übungen des nächsten Kapitels auszuführen.

Frieden mit der Natur: Übungen zum Erdbewußtsein

»Schläft ein Lied in allen Dingen,
die da träumen fort und fort,
und die Welt hebt an zu singen,
triffst du nur das Zauberwort.«

Joseph v. Eichendorff

Die »schamanische Poesie« Eichendorffs trifft ins Herz der Dinge: Wir finden Harmonie in allem; Harmonie ist der Traum, das Wesen der Dinge. Der Traum wird wahr, wenn wir seine Wahrheit beim Namen nennen. Unsere Zauberworte kommen aus unserem Herzen und unserer Seele.

Sprich mit den Dingen, und sie werden lebendig für dich. Lebendigkeit bedeutet Heilung. Dieses Kapitel lädt ein, das eigene Lied im Kanon der Welt zu finden und so die Verwirklichung von Harmonie und Gleichgewicht, Vollkommenheit und Verbundenheit zu ermöglichen. Besondere Kenntnisse sind nicht nötig, ein offener Geist und gesunde Neugier genügen.

In einem Kinderbuch las ich: »Man braucht gar nicht immer alles zu wissen, man muß es nur können.« In diesem Sinne: Tu, was du kannst. Außerdem sind die folgenden Erfahrungsübungen nicht zuletzt dazu da, um die Stimmigkeit der Aussagen dieses Buches für dich selbst zu überprüfen. Nichts sollte einfach geglaubt werden.

Zum Umgang mit den Meditationen und Übungen:

- Es ist nicht nötig, sich die Worte genau einzuprägen. Am besten liest man sich die Anleitungen zunächst ganz durch, so daß der Ablauf gegenwärtig ist, und führt die Übung dann durch.

- Wichtiger als das Wörtliche ist es, sich einzustimmen, zu fühlen und einfach abzuwarten, was sich zeigt.

- Vergiß nicht, dich nach Beendigung der Meditationen ganz ins Hier und Jetzt zurückzubringen.

- Tauchen Fragen auf, müssen sie nicht unbedingt sofort beantwortet werden. Es kann sogar besser sein, in der Energie der Frage zu bleiben und die Antworten zu ihrer Zeit kommen zu lassen.

40

Der Spiegel der Natur

Jede Reise beginnt mit dem ersten Schritt, und so kann es sinnvoll sein, klein anzufangen und zunächst nur mit einem Lebewesen Kontakt aufzunehmen. Wenn wir uns einem Aspekt des Lebens zuwenden, berühren wir das ganze Leben. Wenn wir diesen einen Aspekt heilen, geben wir dem ganzen Leben Heilung, denn alles ist mit allem verbunden. Wichtig ist, vom Herzen zu kommen und eine klare Absicht zur Heilung mitzubringen.

Geh hinaus und suche etwas in der Natur (z. B. einen Stein, ein Blatt, eine Blume usw.), mit dem du dich gerade am meisten identifizieren kannst. Lege zu hause den Gegenstand vor dich hin und erforsche ihn mit allen Sinnen: Betaste, rieche, schmecke ihn, halte ihn ans Ohr, betrachte ihn. Dann erzähle ihm eine Geschichte – deine Geschichte. Wenn es sich z.B. um einen Zweig handelt, etwa so:

»Ich bin wie du, habe eine etwas rauhe Schale, bin aber auch zart und zerbrechlich. Zugleich bin ich biegsam und finde daher immer schnell zu meiner ursprünglichen Form, zu mir, zurück. Ich bin ein Teil eines größeren Ganzen und doch vollkommen, so wie ich bin...«

Danke dem Gegenstand für das, was er dir gespiegelt hat.

Eigene Notizen zur vorstehenden Übung

Wir müssen lernen, unser inneres Selbst zu erkennen, um es anzuerkennen, müssen uns wahrnehmen, um daran zu wachsen. Auf der Grundlage dieser Wahrnehmung können wir uns auf gute Weise mit anderen Lebensformen dieser Welt verbinden, vermischen, verschmelzen.

Der schamanische Zugang

Was zählt, ist der Kontakt zur spirituellen Kraft, zur Seele der Dinge. Über die Tiefe der Seele, die Gefühle des Herzens, die geistigen Formen und die körperlichen Sinne können wir spirituelle Verbindung herstellen.

Wir stimmen uns ein auf uns selbst, und von diesem inneren Ort auf das, wovon wir Teil sind, auf unsere natürliche Mitwelt. Sobald wir die Dinge fühlen, sind wir wirklich miteinander verbunden. Man könnte daraus folgern, daß wir spirituelle Verbindung rein willkürlich herstellen können. Dies ist nach meiner Erfahrung nur bis zu einer feinen, aber klaren Linie möglich. Um sie zu überschreiten, müssen wir uns einer tieferen Erfahrung hingeben, müssen uns einsinken lassen in eine andere Qualität, uns innerlich herantasten.

Nicht anders laufen im Grunde schamanische Reisen ab. Sie erlauben uns, mit Hilfe eines vertieften Bewußtseinszustandes in eine andere Wirklichkeit zu gelangen, um Rat, Heilung, Kraft und Hilfe zu bekommen. Die ersten Schritte geschehen dabei willentlich, dann werden wir sozusagen »abgeholt«. Die geistige Welt kommt uns im allgemeinen unterstützend entgegen, und eines der großen Geschenke schamanischer Arbeit ist die Erfahrung, daß das Universum uns wohlwollend gegenübersteht.

44

Stadtschamanische Ökologie

Was hindert uns, die reichlich dargebotenen Geschenke anzunehmen und zu genießen? Überall ist Natur, die uns erlaubt, die körperlich-sinnlichen Erfahrungen in spirituelle zu verfeinern.

Geh hinaus in einen Park, auf eine Wiese, zu einem Baum, der uns den Wechsel der Jahreszeiten sichtbar macht. Stimme dich auf deine Seele ein und über diesen Weg auf die Seele des Baumes.

Gehe in die Energie dieses Wechsels und Wachsens, fühle sie in dir.

Gehe mit ihr und spüre daran deine eigenen Veränderungen, dein Wachstum.

Gib dem Baum auch etwas von dir.

Wenn du den Impuls dazu fühlst, kannst du diese Übung in öko-schamanische Heilarbeit erweitern: Widme die gleiche Energie wie dem Baum im Park einem jener Grünstreifen zwischen Straße und Gehweg. In diesen meist nicht sehr anziehenden Örtlichkeiten, die die Behördensprache als »Abstandsgrün« bezeichnet und entseelt hat, steckt ebenso Leben, das für innere Zuwendung empfänglich ist.

Diese Orte verdienen jeden Dank für ihre Wohltaten an unseren Lungen, Augen und Ohren, aber über ihren Nutzeffekt hinaus auch dafür, daß sie und ihre Verwandten einfach da sind. Ohne sie gäbe es uns nicht. Berühre den kleinen Baum auf dem Grünstreifen, und du berührst alle Baumseelen dieser Welt. Du zweifelst? Geh hin und frag ihn selber.

Eigene Notizen zur vorstehenden Übung

Ein Weg des Herzens

Schamanismus ist ein Weg des Herzens, der uns zurück zu unserer Seele führt. Komm also, bevor du handelst, zunächst einmal zu dir selbst, zu deinem Kern, und entdecke hier dein ganz eigenes Gutsein, das absolut nichts damit zu tun hat, ein von erstickenden moralischen Zwängen begrenzter »Gutmensch« sein zu wollen.

Lebensrhythmen

Komm in dein Herz, fühle deinen Herzschlag. Lerne ihn kennen. Dann nimm wahr wie dein Atem geht. Laß ihn kommen und gehen wie er will, reglementiere nichts.

Herzschlag und Atemrhythmus, überlasse ihnen einstweilen die Führung. Komm nach Hause. Dein natürlicher Lebensrhythmus gehört zum Rhythmus des ganzen übrigen Lebens, es kann gar nicht anders sein.

Erlaube dir daher, in diesen Einklang zu fließen, in dir zu fühlen, was um dich ist. Stimme dich ein auf den Rhythmus, den Ablauf eines Tages.

Laß vor deinem inneren Auge die Sonne aufgehen, fühle Licht und Wärme des Tages, atme in die Vielfalt des Lebens, die sich täglich aufs neue entfaltet, laß sie in dir leben.

Atme den zu Ende gehenden Tag aus.

Atem und Herz, erlebe sie über den sanften Kreis von Neumond, Halbmond, Vollmond. Stimme dich ein auf den Kreislauf der Jahreszeiten, erfahre in dir die innere Qualität des äußeren Wechsels der Formen.

Und schließlich: Verbinde deinen Herzschlag mit dem Herzschlag der Erde. Laß dich fallen in eine Erfahrung des Einsseins. Spüre das Herz der Erde in dir und dein Herz in ihr. Ist dieser Zustand tatsächlich erreicht, wirst du sicher sein, keiner Phantasievorstellung zu unterliegen. Schließe ab, und bedanke dich beim Leben.

Eigene Notizen zur vorstehenden Übung

Zusammenarbeit mit der Natur

Dorothy MacLean, die Mitbegründerin der spirituellen Findhorn-Gemeinschaft, fand sich eines Tages zu ihrer eigenen Überraschung in der Lage, mit Pflanzen zu sprechen. Ohne es zu beabsichtigen, hatte sie mit ihrer täglichen Meditationsdisziplin, gepaart mit handfester Gartenarbeit, einen Kanal der Verständigung geöffnet. Die Gartenpflanzen, offenbar sehr praktisch veranlagte Wesen, teilten ihr mit, wie sie am besten zu behandeln seien, um optimal zu wachsen. Trotz intellektueller Zweifel (Dorothy fragte sich ernsthaft, ob sie verrückt geworden sei), richteten sich die Menschen vertrauensvoll nach den Anweisungen.

Die Ergebnisse übertrafen alle Erwartungen, und der Findhorn-Garten, vorher nur ein armseliger Streifen sandiger Erde, wurde schließlich weltberühmt und zog Menschen aus der ganzen Welt an, was zur Gründung der großen spirituellen Gemeinschaft führte. Findhorn ist Wunder und Wirklichkeit, ein leuchtendes Beispiel, wie uns der Geist der Natur entgegenkommt, wenn wir uns nur öffnen.

Angesichts dessen ist es eigentlich kaum zu verstehen, warum wir nicht in einem Paradies auf Erden leben, und die ganze Absurdität menschlicher Zerstörung wird nur um so offensichtlicher. Nun laß dich inspirieren, und warte, welches Wunder sich für dich entfalten will.

Verbinde dich mit einer Pflanze – im Garten, im Park oder in der freien Natur. Benutze dazu Körper, Geist, Herz und Seele, und beginne da, wo du am leichtesten Zugang findest.

Sei respektvoll, klopfe quasi innerlich zuerst an. Erforsche die Pflanze mit deinen körperlichen Sinnen: Rieche, taste, schmecke, horche und schaue.

Schicke deine Liebe zum Herzen dieses Wesens, laßt eure Seelen sich berühren.

Erlaube deinem Geist, ein inneres Bild des Pflanzenwesens zu empfangen, wobei du dir nichts »vorstellst«, d. h. mit deinem Geist erzeugst, sondern nur beachtest, was du sehen kannst, was sich von selbst zeigt. Sei aufmerksam für eventuelle Botschaften an dich.

Wenn sie dein Herz berühren, beherzige sie. Sammle Erfahrungen mit verschiedenen Pflanzen. Verbinde dich auf ähnliche Weise mit einem Stein, mit einem Felsen, vielleicht einem Berg.

Nähere dich mit viel Behutsamkeit auf die beschriebene Weise einem Tier. Wenn deine Absicht die Entwicklung von Mitgefühl ist, kannst du auch Menschen in diese Art der Wahrnehmung mit einbeziehen.

Eigene Notizen zur vorstehenden Übung

Verschmelzen

Du wirst selbst fühlen, ob du so weit bist, einen Schritt weiterzugehen und dich so tief auf eine andere Lebensform einzulassen, daß eine Verschmelzung stattfinden kann. Dies ist der Schritt zur eigentlichen schamanischen Arbeit, die Erfahrung, die im Gedicht Taliesins zum Ausdruck kommt, die Auflösung jeglicher Trennung.

Ausdrücklich sei noch einmal betont, daß es wichtig und geradezu lebensnotwendig ist, uns nach einer solchen Erfahrung wieder für das materielle Leben zu entscheiden, sprich, uns wieder bewußt in unser körperliches Menschsein zurückzubegeben. Die Rückreise ist wesentlicher Bestandteil der schamanischen Trancereise.

Geh zu einem Bach oder Fluß, stimme dich auf dein eigenes Wesen ein und darüber auf den Geist des fließenden Wassers.

Bitte um die Erlaubnis, mit seiner Energie zu verschmelzen.

Erzwinge nichts, und laß geschehen, was im Moment geschehen will. Werde Wasser...

Fließe. Fühle, höre, sprich und sieh die Welt als Wasser.

Verbinde dich mit der Quelle. Fließe mit dem Strom – vielleicht bis zur Mündung in einen etwas größeren Fluß, der schließlich in einen noch größeren mündet, ins Meer fließt, in den Ozean, alle Ozeane, alles Wasser dieser Welt.

Laß dich ganz ein auf dieses Element. Wie fühlst du seine besondere Qualität? Nimm auf, was dir gegeben wird, und bedanke dich dafür.

Dann komm langsam zurück, spüre dich und deinen Körper, die Erde unter dir und sei dir gewiß: Was du soeben erlebt hast, ist Teil deiner Wirklichkeit. Wenn du einen Bezug dazu hast, folge einer indianischen Sitte und hinterlasse am Wasser ein kleines Opfer.

Sammle weiter Erfahrungen und begegne so auch Erde, Feuer und Luft.

Eigene Notizen zur vorstehenden Übung

Was trennt dich?

Das folgende Kapitel ist geeignet, eventuelle Probleme beim Zugang zu den Übungen zu lösen, aber auch, um tiefer in sie einzusteigen. Wenn wir uns in irgendeiner Weise vom Leben getrennt fühlen, können wir ihm nicht dienen und das Leben nicht uns.

Unser Bemühen, die Trennung zu überwinden, erfährt aber mit Sicherheit Unterstützung, auch wenn uns das nicht immer bewußt wird. Was uns in der Regel von einem tieferen Kontakt zur vollen Lebenskraft abhält, sind unbewältigte, aufgestaute Probleme unserer Gefühlswelt.

Viel ist schon erreicht, wenn wir es schaffen, die Dinge nur anzuschauen und sie zu nehmen, wie sie sind, damit sie sich (er)lösen und umwandeln können. Die folgende Heilmeditation, für die du dir etwa 15 - 20 Minuten Zeit nehmen solltest, zielt darauf ab.

Entspanne dich, werde ruhig. Werde dir deines zentralen Selbst bewußt. Verbinde dich mit ihm, spüre es. Spüre dich.

Wähle jetzt etwas aus, was dir Schwierigkeiten macht. Fühle das Gefühl dazu, fühle das Problem.

Frage: Was ist das Schwierigste dabei? Frage auch: Was hilft mir?

Öffne dich jetzt der weisen inneren Stimme, um dich zur besten Lösung führen zu lassen. Bedanke dich, beherzige die Antwort.

Eigene Notizen zur vorstehenden Übung

Die Erde ist unsere Mutter. Sie gibt ohne Ende, sie heilt ihre Kinder, die zu ihr kommen. Erinnere dich an das weiter vorn beschriebene Heilungsritual der Navajo, und laß dich von der Erde heilen.

Wähle einen Fleck Erde, der dich in irgendeiner Weise anspricht und anzieht. Ziehe dort einen Kreis von einem Meter Durchmesser und setze dich hinein. Mache die Übung zur Intensivierung der fünf Sinne.

Widme jetzt deine Aufmerksamkeit dem Leben in deinem Erd-Kreis: Beobachte einfach ohne zu analysieren oder zu kategorisieren.

Gehe dann dazu über, die Energie im Kreis zu spüren. Wiederum bewerte nichts, nimm einfach wahr. Dann gib von deiner Energie. Schicke Herzensenergie durch deine Hände in die Erde. (Möglicherweise wirst du überrascht sein, wie leicht dir das fällt.) Wenn du etwas zu dir zurückfließen fühlst, nimm es an. Verlasse den Kreis, lösche deine Spuren und hinterlasse vielleicht einen kleinen Dank.

Eigene Notizen zur vorstehenden Übung

Eine einfache und sehr schöne Reinigungsübung mit den Elementen:

Geh hinaus an ein Wasser. Tauche die Hände hinein und bringe ein wenig davon an dein Herz, die Stirn, zum Bauch, streiche damit Arme, Beine, Rücken hinunter.

Dann lege die Hände auf die Erde, nimm ihre Energie auf, und bringe sie in der gleichen Weise zu deinem Körper.

Nimm Luft mit deinen Händen auf und verfahre in der gleichen Weise.

Schließlich nimm das Licht der Sonne, das Tageslicht, und reinige dich damit.

Eigene Notizen zur vorstehenden Übung

Unser Alltag hält oft Dinge für uns bereit, die uns von unserer Lebendigkeit wegführen. Ein Beispiel sind nicht vollwertige Nahrungsmittel, die aber die meisten von uns zu sich nehmen. Doch auch sie ernähren uns, auch sie sind lebendig.

Wir können eine innere Verbindung zu dieser weniger wertvollen Nahrung aufnehmen, ihr danken und ihr vielleicht auch unser Bedauern ausdrücken, daß sie in so einer Form zu uns kommen muß.

Wir können ihr durch diese Anerkennung etwas von ihrem Wert zurückgeben und sie damit vollwertiger machen.

Diese Anregungen mögen als Beispiele genügen, wie es uns eigentlich ohne allzu großen Aufwand möglich ist, das Leben tiefer zu erleben. Ich überlasse es den Lesern und Leserinnen, daraus ihren eigenen Strauß aus Erfahrungen zu binden und ihr Leben wieder zu verzaubern.

Schamanische Arbeit: Die Kraft der inneren Welt

»Wir sind die, auf die wir gewartet haben.«

Aus einem Aufruf der Hopi-Nation 2002

Absicht dieses Buches ist es, Menschen dafür zu gewinnen, die Erde zu heilen und sich dafür den natürlichen Kräften zur Verfügung zu stellen. Die schamanische Weltsicht legt uns nahe, die Zusammenarbeit mit dem Geist der Natur zu suchen, uns einzufühlen und im Einklang mit ihm zu einem Werkzeug für das Leben zu werden.

In dieser Aufgabe finden wir uns selbst, denn wir kommen aus dieser Welt wie das Blatt aus dem Baum. Die Kraft aus der Erfahrung der Einheit erlaubt uns, den Traum der Erde in uns zu träumen und ihn in unsere Wirklichkeit zu bringen. Das gehört zum Wesen schamanischer Arbeit: Nicht die Person handelt aus ihrem Wissen heraus, sondern »es« handelt durch sie.

Zu wissen, daß wir Teil von etwas Größerem sind, das uns wohlwollend gegenübersteht, ermöglicht die heilende Wiederverzauberung von Mensch und Erde. Wir bitten die elementaren Kräfte, zu uns zu kommen, und bieten uns in einem rituellen Rahmen an, in dem sich ihre Wirkung entfalten kann. Für diese Aufgabe brauchen wir Mut, für die damit verbundene Verantwortung Ausdauer und Demut, um anzunehmen, was eine größere Kraft bringt. Die Belohnung ist das Leben selbst – was gibt es Besseres?

Ritual und Aktion

Rituelles Handeln bringt uns in einen größeren Zusammenhang, so daß wir über unser begrenztes Ego hinausgehen können. Aus Selbstzweifeln und Mutlosigkeit finden wir zu Klarheit, Mut und Ausdauer, wenn wir im Namen der Erde handeln, statt lediglich unseren persönlichen Anschauungen zu folgen.

Aber schamanische Arbeit ist Arbeit. Sie besteht darin, das, was ist, zu erfühlen, anzunehmen und umzusetzen. Dazu müssen wir durch unsere eigenen Projektionen hindurchgehen und möglicherweise manche liebgewordene Anschauung loslassen: Ist die Erde z. B. wirklich das arme Opfer, als das viele sie sehen (wollen)? Oder die strafende Erdgottheit, die uns unsere ökologischen Verfehlungen jetzt heimzahlt? Wie sehr ähnelt mein Bild der Erde meiner eigenen Befindlichkeit? Kribbelt mein Ego angesichts meines Welt-Bildes? Oder spüre ich tiefes, ruhiges Einverständnis?

64

Nichts kann nachhaltig heilend verändert werden, wenn nicht Elementares berührt wird. Wahl- und unterschiedslos Licht und Liebe zu verschicken ist leider nicht gut genug, auch wenn wir es noch so gut meinen. Ein Geschenk, in guter Absicht, aber ohne Einfühlung kann Enttäuschung oder Distanz bewirken. Milliarden von Entwicklungshilfe bewirken kläglich wenig, solange die Mechanismen von Ausbeutung und Unterdrückung weiter in Kraft sind.

Vor dem Irak-Krieg schickten viele Menschen dem amerikanischen Präsidenten Licht. Konnte es sein Ziel erreichen, wenn möglicherweise gar keine Offenheit dafür bestand? Kann so viel Licht auch blenden?

Wir kommen um die innere Arbeit nicht herum: Was wird gebraucht? Und wo? Was wird jetzt gebraucht? Gibt es etwas, was ich dazu beitragen kann? Alle Frauen und Männer, die Resonanz zu diesem Weg spüren, sind angesprochen, ihn auch zu gehen. Was wir tun, zählt.

Komm in deine Kraft, sie wird gebraucht. Der Stamm der Huichol, der in engem spirituellen Kontakt mit der Natur lebt, macht Zeremonien, »um dem Leben Stärke und Klarheit zu geben«.

Schöner kann man kaum ausdrücken, worum es geht: die Natur und das Leben zu meistern, indem man eins mit ihnen wird. Wir erleben in den westlichen Industrieländern eine erstaunliche Renaissance der archaischen Tradition des Schamanismus. Warum? Vermutlich, weil wir sie heute brauchen.

Die Erde feiern

»Alles, was wir jetzt tun, muß auf
heilige Art und Weise getan werden – und im Feiern.«

Aus einem Aufruf der Hopi-Nation 2002

Heilung ist auch, das Leben zu feiern. Es ist die Erde selbst, die danach verlangt, unsere Herzen und das ihre im gleichen Rhythmus schlagen zu lassen, um mitzufühlen, uns zu wandeln und zu heilen. Der schamanische Erdheiler wird kaum anders können als sich dem Freudentanz des Lebens anzuschließen und aktiver Teil des schöpferischen Energieaustausches zu werden – gerade und erst recht mitten in Niedergang und Verzweiflung.

Gib dir selbst einen Tag allein in der Natur. Finde einen Platz, der dich berührt und wo du ungestört bist. Nimm ein wenig zu essen und zu trinken mit, begib dich in die Stille, atme tief, und sei aufmerksam für alle Eindrücke von innen und außen.

Öffne dein Bewußtsein für die Seelensprache der Natur und erlaube so die Erfahrung, daß dein Leben nicht getrennt ist vom Leben um dich herum. Die vertiefte Verbindung zur Natur führt uns zu den tiefsten Anteilen in uns. Wir brauchen diese Magie, um zu hören und zu verstehen, was die Erde uns sagt. Wir brauchen sie, um Kraft zu finden vom Geist des Landes. Das Wohlergehen des Planeten hängt davon ab.

In der intimen Begegnung mit der Natur finden wir unsere wahre Natur. Feuer, Wasser, Wind und Erde, Steine, Pflanzen und Tiere wissen, warum sie da sind, und das bloße Zusammensein mit ihnen läßt uns entdecken, wer wir sind und was unsere Aufgabe ist.

Wir legen eine innere Quelle frei, deren Klarheit uns von Unsicherheit und Selbstzweifeln befreit.

Eine eindrucksvolle Schilderung innerer Naturverbundenheit gibt Julia Hill, die junge Frau, die zwei Jahre in der Krone eines siebzig Meter hohen Mammutbaumes lebte, um den monumentalen Baum vor dem Zugriff der Holzindustrie zu schützen.

Die immensen Herausforderungen dieser Zeit führten sie zu äußerst intensiven Eindrücken des Kräfteaustausches in der freien Natur und zu tiefem Vertrauen zu ihrer inneren Stimme. Der Baum, den sie »Luna« taufte, wurde ihr Lehrer, der ihr nach heftigen Erfahrungen den Zugang zu ihrem höheren Selbst ermöglichte. Julia Hill, die den Baum eigentlich nur ein paar Stunden »symbolisch besetzen« wollte, hatte nichts davon geplant oder erwartet.

Aus einer umweltschützerischen Einzelaktion wurde eine mystische Erfahrung, die die tieferen Ebenen von Ökologie für uns alle sichtbarer machte. Wer die Bilder dieser strahlendlebendigen jungen Frau kurz nach ihrer Rückkehr von »Luna« gesehen hat, weiß, daß hier jemand ein Opfer brachte, ohne zur Märtyrerin zu werden.

Innere und äußere Natur

Diese Meditation kann sowohl in der Natur als auch zu Hause durchgeführt werden. Wichtig ist das innere Spüren.

Nimm dir ein paar Momente für dich selbst: Da ist dein Atem – beobachte ihn einfach. Wie fühlt sich dein Körper gerade an? Nimm Gefühle und Emotionen einfach wahr, ohne sie zu bewerten. Beobachte deine Gedanken, ohne dich aber näher mit ihnen zu beschäftigen. Das ist deine innere Natur...

Von diesem inneren Raum aus nimm nun Kontakt auf zu der Natur, die dich umgibt: zu Bäumen, Gras, zur Luft, zur Erde usw., und vielleicht kannst du für einen Augenblick spüren, daß es da gar keine Trennung zwischen deiner inneren Natur und der Natur draußen gibt.

In diesem Zustand innerer Verbundenheit lade jetzt ein Naturwesen ein, das sich dir mitteilen will. Wenn du seine Gegenwart spürst, stelle zwei Fragen: »Was braucht die Erde, um wieder zu heilen?« »Was braucht sie von mir?« Du wirst genau die Antworten erhalten, die für dich die richtigen sind. Bedanke und verabschiede dich, strecke dich, atme tief, öffne die Augen.

Eigene Notizen zur vorstehenden Übung

»Großvater Birdfoot«

Der alte Mann muß das Auto wohl zwei Dutzend Mal angehalten haben, um auszusteigen und mit seinen Händen die kleinen Kröten einzusammeln, die über die Straße hüpften. Regen fiel, und ich sagte immer wieder: »Du kannst sie nicht alle retten. Steig ein, wir haben noch viel vor.« Doch er, die Hände voll feuchten, braunen Lebens, lächelte nur und sagte: »Auch sie haben noch viel vor.« (Joseph Bruchac, Abenaki)

Erdvertrauen

> »Segen geht aus von Dingen,
> die am richtigen Ort sind, wie es
> bei der Schöpfung bestimmt wurde.«
>
> *Navajo-Segen*

Wenn wir der Erde zuhören, wird uns das verändern. Führen wir Rituale durch, um die das Land uns bittet, wird uns das lebendiger machen, uns heilen. Der Schamane spricht mit Pflanzen, Tieren und Steinen. Sie sprechen durch ihn. Er singt für die Erde, sie singt durch ihn. Wir singen, tanzen, machen Zeremonien, um in Harmonie mit uns und dem Rhythmus der Natur zu kommen. In Harmonie sind die Dinge an ihrem Platz, sind gesegnet. So heilen wir.

Earthsong

Geh zu Orten, die verletzt sind. Nimm die Stimmung dort auf. Fühle dich tief ein, und drücke deine Wahrnehmung durch Töne aus. Laß die Energie des Ortes sich durch dich ausdrücken. Stimme dich ein und gib deine Stimme, sing ein Lied, das du noch nie gesungen hast.

Der Zusammenhang von achtsamer Zuwendung, liebevoller Wahrnehmung und Heilung wurde in diesem Buch betont. Wahrnehmend erlauben wir den Dingen, in Fluß zu kommen, ermöglichen heilende Bewegung. »Erdvertrauen«, ein Begriff, der in der intensiven Beschäftigung mit Mensch- und Erdheilung entstand, beschreibt diese zentrale Qualität: Wenn wir vertrauen, öffnen wir uns für Heilung. Deshalb ist »Vertrauen das einzige, was Gott uns nicht geben kann. Wir müssen es ihm geben«. (Sufi)

Wenn du die schamanische Trommelreise beherrschst, reise zum Herzen der Erde. Lausche auf deinen Herzschlag, dann auf den der Erde. Verbinde beide zur Herztrommel.

»...Heilende Erdenergie aufnehmen – weil Menschen sie zu wenig annehmen, gibt es das ganze Unheil – Geheilt werden, um zu heilen, die Kraft nehmen, im Erdrhythmus leben... Wir sind hier, um unseren Beitrag zu leisten für das Wachstum des Lebens. Nur für einige Zeit. Dann gehen wir.« (Schamanische Reise, 15. November 2006)

Ein Erdreinigungsritual

Finde vier Steine, die mit dir arbeiten wollen. Lege sie nach den vier Richtungen aus.

Fülle morgens ein Glas mit sauberem Wasser. Geh hinaus, halte es zur Sonne und bitte:

»Hilf mir bei der Reinigung der Erde.« Stelle das Glas ab, wo es den ganzen Tag Sonne bekommt (Tageslicht ist Sonnenlicht). Wenn es dunkel ist, nimm das Glas, und schütte das Wasser in der Mitte der vier Steine aus. Mache das an vier aufeinander folgenden Tagen und lasse die Steine als Geschenk für die Erde da. (Quelle: »Sacred Hoop«)

Eigene Notizen zur vorstehenden Übung

Wir alle besitzen die Fähigkeit, zu heilen, es geht nur darum, sich ihrer wieder zu erinnern. Viele, zu viele sind mit der materiellen Welt verwachsen... – Verwurzeln wir uns wieder mit der Magie! Sieh dich als lebendigen Teil des Lebens auf unserer Erde, öffne dich der Inspiration für deinen ganz einzigartigen Beitrag zu deiner und ihrer Heilung.

Wenn du es liebst, mußt du es tun

»Wir wollen wie das Wasser sein,
das weiche Wasser bricht den Stein.«

(Lied)

Viele Menschen auf dem schamanischen Weg sind bereit, tiefer zu gehen und spirituelle Heilarbeit dorthin zu bringen, wo sie gebraucht und angenommen wird. Die Aufgabe ist, Visionen der Heilung zu halten, ohne nachzulassen. Dies erfordert Kraft und einen gewissen Grad an Selbstverpflichtung. Um einen wirksamen Beitrag für das Gleichgewicht von Mensch und Erde zu leisten, ist ein intensiver Kontakt zum Geist der Natur gleichermaßen notwendig und hilfreich.

Da spirituelle ökologische Arbeit nur in Verbindung mit den spirituellen Kräften gelingen kann, muß diese Verbindung immer wieder erneuert werden. Entscheidend ist, welche Antwort jeder von uns aus der Liebe seines Herzens geben kann. So sind wir in der Lage, einen Raum zu schaffen, in den wir heilende Veränderung einladen und wirken lassen können, ohne ihren Verlauf bestimmen zu wollen.

Geld und Macht sind oft bei denjenigen, die zerstören. Unsere Chance ist die Zusammenarbeit mit den Spirits. Moon Deer, eine meiner Lehrerinnen bei Sun Bear's »Bear Tribe« (»Bärenstamm«) erlebte dies eindrucksvoll: In der Nähe ihrer Heimatstadt Minneapolis gab es ein älteres Atomkraftwerk, das nicht mehr sicher war. Dies war zwar allgemein bekannt, aber, wie so oft, es geschah nichts. Moon Deer entschloß sich, die heilenden Kräfte einzuladen und in der Nähe des AKW ein Medizinrad zu legen. Dazu lud sie auch einige Freunde ein.

Bis heute weiß sie nicht, wie es zu folgendem kam: Am Tag der Zeremonie fand sich die Gruppe am Ort des Geschehens umringt von Kameraleuten mehrerer Fernsehstationen, Rundfunk- und Pressereportern, die anschließend ausführlich über die Zeremonie berichteten. Das marode Kraftwerk erfuhr dadurch so viel unerwünschte Publicity, daß es innerhalb kurzer Zeit geschlossen wurde.

Spektakuläre Aktionen sind sicher die Ausnahme, aber auch nachhaltige Alltagsarbeit hat ihren Charme. Dies ist ein Aufruf an alle, die sich zu einer beständigen schamanischen Arbeit verpflichten wollen:

www.erdheilung.int – Ein Aufruf

Zur Zeit des Neumondes verbinde dich mit der schöpferischen Kraft der Dunkelheit. Nimm Kontakt auf mit deiner Seele und sei dir bewußt, daß andere dies zur gleichen Zeit auch tun.

Bitte um Antwort: Was braucht die Erde zu ihrer Heilung? Was ist mein Beitrag? Welcher Teil meiner Seele möchte jetzt ans Licht, um diesen Beitrag zu leisten?

Nutze die folgende Zeit, um die Qualität der Antwort in dir zu kultivieren. Zur Zeit des Vollmondes sende diese Qualität auf dem Weg deiner Seele in alle vier Himmelsrichtungen – wie auf den Speichen eines Rades.

Setze eventuell empfangene konkrete Handlungsimpulse in die Tat um. Wenn du es liebst, alchemistisch zu wirken und so ein gutes Stück energetische Heilarbeit zu leisten, mußt du es auch tun...

...und dann ist das nur der Anfang.

»Seien wir realistisch,
versuchen wir das Unmögliche.«

Che Guevara

76

Das Gewicht einer Schneeflocke

»Wieviel wiegt eine Schneeflocke?« fragte der Spatz den Raben.

»Nicht mehr als nichts«, war die Antwort.

»Da muß ich dir eine erstaunliche Geschichte erzählen«, sagte der Spatz. »Ich saß auf einem Ast, als es zu schneien anfing – nicht heftig... ganz leicht, eher wie im Traum. Und weil ich nichts Besseres zu tun hatte, begann ich, die Schneeflocken zu zählen. Es waren genau 2.347.568. Als die 2.347.569ste fiel... nicht mehr als nichts, wie du sagst... brach der Ast ab.«

Damit flog der Spatz davon und ließ den Raben sehr nachdenklich zurück.

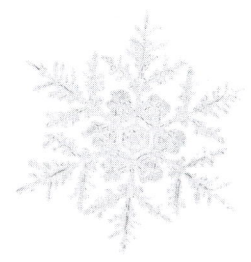

Literaturempfehlungen

Bloom, William: »Naturgeister: Ihr Wirken im täglichen Leben«, Grafing 2001
Eröffnet einen genial einfachen Zugang zu den feinstofflichen Dimensionen der geistigen Welt.

Ingerman, Sandra: »Die schamanische Reise« (mit Trommel-CD), München 2004
Eine solide literarische Grundlage, die aber eine Einführung durch eine/n Lehrer/in nicht ersetzt.

Maclean, Dorothy: »Du kannst mit Engeln sprechen«, Grafing 2005
Die Mitbegründerin der Findhorn-Gemeinschaft beschreibt ihre wunderbaren Begegnungen mit Naturgeistern und Engeln.

Moewes, Jan: »Für 6 Euro 50 durch das Universum – Über Zeit, Raum und Liebe«, Frankfurt 2005
Ein Buch geschrieben mit Witz und Menschenverstand gesündester Sorte – und daher auch ziemlich spirituell.

Nidiaye, Safi: »Die Stimme des Herzens«, Bergisch Gladbach 2003
Öffnung und Aktivierung der Herzenergie – praktisch und himmlisch.

Ondruschka, Wolf: »Geh den Weg des Schamanen«, Neue Erde 2002
Magie im Alltag: Eine Einladung in die unbekannte und doch vertraute Welt der schamanischen Wirklichkeit.

Sun Bear: »Das Medizinrad«, München 1987
Sun Bear's Vision des Medizinrades ist eine große Hoffnung in Zeiten der Entfremdung von Mensch und Erde.

Trittin, Jürgen: »Welt Um Welt«, Berlin 2002
Der ehemalige Bundesumweltminister liefert hier eine spannende, fakten- und kenntnisreiche Darstellung der Situation, in der wir uns befinden.

Kontakt zum Autor:

Wolf Ondruschka

München

   Schamanische Heilung und Beratung,

   Medizinradarbeit, Seminare

Tel.: 089 120 29 806

Email: wolf-flow@web.de

www.medizinrad-rat.de

www.MedizinradGeber.de

VOM SELBEN AUTOR BEI NEUE ERDE:

Geh den Weg des Schamanen

Das Medizinrad in der Praxis

Dieses praktische Arbeitsbuch ist eine Einladung, sich auf die unbekannte und doch vertraute Welt der schamanischen Wirklichkeit einzulassen. Es führt behutsam zur eigenen Kraft und vermittelt die grundlegenden Werkzeuge wie Visionssuche, Schamanische Reise, Medizinräder und Zeremonien.

Kartoniert, 128 Seiten, ISBN 978-3-89060-044-4

Bücher von NEUE ERDE im Buchhandel

Im deutschen Buchhandel gibt es mancherorts Lieferschwierigkeiten bei den Büchern von NEUE ERDE. Dann wird Ihnen gesagt, dieses oder jenes Buch sei vergriffen. Oft ist das gar nicht der Fall, sondern in der Buchhandlung wird nur im Katalog des Großhändlers nachgeschaut. Der führt aber allenfalls 50% aller lieferbaren Bücher. Deshalb: Lassen Sie immer im VLB (Verzeichnis lieferbarer Bücher) nachsehen, im Internet unter **www.buchhandel.de**

Alle lieferbaren Titel des Verlags sind für den Buchhandel verfügbar.

Sie finden unsere Bücher in Ihrer Buchhandlung oder im Internet unter **www.neueerde.de**

Bücher suchen unter: **www.buchhandel.de.** (Hier finden Sie alle lieferbaren Bücher und eine Bestellmöglichkeit über eine Buchhandlung Ihrer Wahl.)

Bitte fordern Sie unser Gesamtverzeichnis an unter

NEUE ERDE GmbH
Cecilienstr. 29 · D-66111 Saarbrücken
Fax: 0681 390 41 02 · info@neue-erde.de